La recette pour écrire une histoire

La recette pour écrire une histoire

Karleen Bradford

adapté en français par
Cécile Gagnon

Illustrations de Adriana Taddeo

Scholastic Canada Ltd., 123, Newkirk Road,
Richmond Hill (Ontario) Canada

Données de catalogage avant publication (Canada)

Bradford, Karleen
  Écrire, pourquoi pas?
Traduction de Write Now!

ISBN 0-590-73711-2

1. Roman - Art d'écrire - Ouvrages pour la jeunesse.
2. Nouvelles - Ouvrages pour la jeunesse. Titre.

PC2410.B7214 1990   j808.3'1   C90-095260-1

ISBN 0-590-73711-2

Titre original : Write Now!

Publié par Scholastic Canada Ltd., 123, Newkirk Road, Richmond Hill
(Ontario) L4C 3G5

5 4 3 2 1   Imprimé au Canada   0 1 2 3 4/9

Table des matières

Crois-le ou non, ce n'est *pas* si épouvantable que ça

1

Nous avons un travail d'écriture à remettre lundi prochain : une histoire courte. Écrire une histoire pour lundi prochain? C'est sûrement une blague!

Malheureusement ton professeur ne blague pas du tout. Alors, comment vas-tu te tirer de ce mauvais pas? Crois-le ou non, ce n'est *pas* si catastrophique que ça!

* * *

La première chose dont tu as besoin, bien sûr, c'est un sujet. Fouille tes méninges. Sont-elles aussi désertes que cette feuille de papier blanc qui s'étale devant toi? Détends-toi, ferme les yeux et évite de regarder la feuille. Réfléchis. Que s'est-il passé dans ta vie ces derniers jours? Je peux déjà entendre ta réponse : RIEN!

Mais, c'est faux. Tu es vivante, non?

Alors, il se passe des choses. Le chien a-t-il grignoté le nouveau sac à main en cuir italien de ta mère?

As-tu été obligée de garder un enfant impossible? T'es-tu chamaillée avec ta meilleure amie? Ton professeur a-t-il demandé de produire une histoire comme travail de la semaine?

Tu vois qu'il se passe des choses. Elles ne doivent pas être obligatoirement époustouflantes ou dramatiques, car bien souvent les histoires démarrent à partir d'événements insignifiants.

Ça ne débloque pas? Pourquoi ne pas faire un «remue-méninges»? Commence par rouvrir les yeux; prends un crayon ou un stylo et commence à noter tout ce qui te passe par la tête sur cette feuille blanche qui te fait peur, mais ne te préoccupe pas d'avoir de la suite dans les idées. À cette étape-ci cela n'a aucune importance.

Par exemple :

- J'ai mordillé mon crayon avec tant d'ardeur qu'on croirait que c'est l'oeuvre d'une souris.

- Je viens d'entendre un énorme bruit dans la cuisine.
- On vient de sonner à la porte.

Et ainsi de suite. Tu crois que ces idées ne peuvent pas servir à construire une histoire? Tu vas voir plus loin ce que l'on peut en tirer.

Une autre façon de provoquer l'arrivée d'idées c'est de faire travailler ton cerveau pendant ton sommeil. Ce n'est pas parce que toi, tu dors, que ton cerveau ne peut pas rester éveillé.

Un jour que j'étais très occupée à la rédaction d'un roman, on m'a demandé de rédiger une histoire pour un manuel scolaire; je n'avais pas tellement envie de consacrer du temps à écrire une histoire. Mais c'est très flatteur quand un éditeur vous fait une commande et j'ai pensé que ce serait idiot de ma part de refuser ce travail. Sauf que je n'avais pas la moindre idée en tête.

Je me suis interrogée sur mes activités des derniers jours. Tout ce que j'avais fait c'était de rester assise devant ma machine à écrire à rédiger un manuscrit. Il ne fait pas de doute que, pour moi, cette activité était passionnante mais elle n'avait aucun intérêt pour les autres. Alors, je me suis mise à réfléchir. Je venais d'acheter un jeune golden retriever et mon fils de treize ans le conduisait à l'école de dressage. Encore un sujet dépourvu d'intérêt. Combien d'histoires racontant les aventures d'un garçon et de son chien avaient été écrites? Des millions sans doute. Je me suis donc arrêtée là, mais le soir dans mon lit, je suis restée dans le noir à repenser à tout ça avant de m'endormir.

Je me suis souvenue d'un chien que j'avais croisé un matin en promenant le mien. Il avait perdu une patte, sans doute dans un piège, mais il savait sauter les clôtures, jouer et se déplacer aussi bien que n'importe quel chien à quatre pattes. Je pourrais peut-être utiliser cette idée-là. J'ai carrément dit à mon cerveau de travailler dessus pendant la nuit et je me suis endormie. En effet, à mon réveil le lendemain, le début d'une histoire était là qui m'attendait.

Imaginons qu'un garçon propriétaire d'un magnifique chien descendant d'une longue lignée de champions se mette en tête d'en faire aussi un vainqueur. Qu'arriverait-il si son superbe chien perdait une patte dans un piège? «Qu'arriverait-il si?» sont des mots magiques que tous les écrivains connaissent bien. Que ferait le garçon? Que ferait le chien?

Je me suis assise devant ma machine à écrire et j'ai tracé un plan sommaire (on en reparlera plus loin). Une histoire a commencé à prendre vie dans ma tête qui pourtant, la veille, m'avait paru aussi vide que le plus inexploré des déserts de sable d'Arabie.

Nos inquiétudes, nos peurs et nos ennuis personnels peuvent aussi servir de points de départ pour développer une histoire. Ce sont des afflictions que tout être humain connaît, toi comme le reste.

Je me rappelle le jour ou j'ai failli me noyer en tentant de rescaper ma chienne (la même) qui était tombée au travers de la glace. Pendant toute une semaine après, je n'arrivais pas à m'endormir le soir ou bien si je dormais, je m'éveillais en plein milieu de la nuit sans pouvoir retrouver le sommeil.

On aurait dit qu'à chaque fois que je fermais les yeux, je me retrouvais seule, tôt le matin, dans ce grand parc désert, avec le poids de mon manteau et de mes bottes m'entraînant vers le fond du lac. Puis, la scène se répétait.

Alors, un jour, je me suis installée et j'ai écrit l'histoire d'un garçon qui évite la noyade de justesse en essayant de sauver son chien. Je lui donnai le titre : *Jamais plus*.

C'était une histoire palpitante et elle avait le mérite de mettre les enfants en garde d'une façon tangible sur les dangers de s'aventurer sur l'eau gelée. Mais elle me permit surtout d'extérioriser mes peurs et mes sentiments en les fixant sur le papier si bien qu'à partir de ce jour, je retrouvai le sommeil. (Les chiens ne connaissent pas ces angoisses; ma chienne avait eu l'air de bien s'amuser surtout quand nous barbotions toutes les deux dans l'eau.)

Pense à tes propres peurs et ennuis, puis essaie d'en parler. Tu peux déguiser les gens et les situations si c'est trop personnel. Et en plus de découvrir un bon sujet pour une histoire, tu trouveras peut-être des réponses ou des solutions à tes propres problèmes. C'est ce qui correspond à l'expression : «Faire d'une pierre deux coups». Soi dit en passant, n'est-ce pas que cette phrase fait naître toutes sortes d'images qui pourraient servir dans une histoire?

Une salade de
problèmes

2

Maintenant il est temps de prendre quelques-unes de ces idées et de les agiter un peu. Par exemple :

- Le chien qui a grignoté le sac à main. Quelle a été la réaction de ta mère? Comment le chat a-t-il réagi?
- L'enfant impossible que tu devais garder. Qu'est-ce qu'il a fait? Et toi, qu'as-tu fait?
- Pourquoi toi et ta meilleure amie vous êtes-vous chamaillées? Comment te sentais-tu ? Comment se sentait-elle, elle? Et si la cause de votre dispute n'était qu'un malentendu et que vous l'ignoriez toutes les deux?
- Ton professeur t'a demandé d'écrire une histoire? Et si l'école s'écroulait, devrais-tu produire ce texte quand même?

- En grignotant ton crayon, tu avales la gomme à effacer par mégarde et tu commences à étouffer. Tu es toute seule à la maison. (Je sais que c'est un peu tiré par les cheveux, mais nous faisons des exercices, c'est tout.)
- Un bruit épouvantable se fait entendre dans la cuisine mais tu es seule (encore) à la maison et tu sais qu'il n'y a personne d'autre que toi. As-tu oublié de fermer la porte arrière à clé quand tu es entrée?
- On sonne à la porte. C'est soit cette amie avec laquelle tu t'es chamaillée ou bien c'est ta mère qui a oublié ses clés et qui va bientôt découvrir son sac à main complètement déchiqueté, ou... ou...

Pour le moment ces idées n'ont été que le résultat de divagations sans but mais une étincelle a sûrement jailli. Quelque part dans tout ce fatras une petite lueur d'intérêt fait surface et tu ne dois pas la laisser s'échapper. Tu as un problème quelconque? Amplifie-le! Une histoire doit avoir un noeud et c'est ce que nous sommes en train de rechercher. Qu'est-ce qui est arrivé? Et ensuite? Et après? Que s'est-il passé après ça? Comment est-ce que ça finit? Choisis l'une de tes idées et développe-la.

- Ta mère ne voulait pas d'un chien au départ, car elle préfère les chats. Sans doute va-t-elle te forcer à t'en débarrasser et pendant ce temps le chat, lui, affiche une mine très satisfaite.
- Après avoir terminé le nettoyage de l'affreux dégât que le petit monstre a fait, tu réalises tout à coup que tu as oublié de le surveiller et il a disparu!
- Tu prends la décision de faire des excuses à ton amie mais avant de pouvoir le faire, tu apprends qu'elle sème des calomnies à ton sujet et tu te fâches encore plus.
- Non seulement l'école s'est-elle écroulée, mais tu es coincée dans la même pièce que ton professeur et il est gravement blessé.
- Cette histoire du crayon et de sa gomme te semble vraiment stupide, alors on peut peut-être la rejeter carrément.

- Il ne fait aucun doute qu'il y a quelqu'un ou *quelque chose* dans la cuisine!

Tu as bien établi le noeud du problème et il se complique à chaque minute. Alors, il est temps d'arrêter d'écrire et de te mettre à réfléchir à nouveau. Qu'est-ce que tu vas faire avec ce sujet? Est-ce que ça débouche sur un dénouement drôle, affreux ou triste? Que veux-tu qu'il arrive? Et comment vas-tu le faire arriver?

Si tu ne connais pas les réponses à toutes ces questions, ne t'en fais pas. Tu seras peut-être surprise de savoir que bien des auteurs ne savent pas, eux non plus, comment va se dérouler leur histoire. Il m'est arrivé souvent de m'écrier après une matinée passée à écrire:

— Tiens! Comme c'est intéressant; je ne savais pas que ceci allait arriver!

À cette étape-ci tu as peut-être envie de te promener et de repenser à ton histoire ou bien de t'asseoir et de regarder par la fenêtre. (Les membres de ma famille ne me croient pas encore quand ils entrent dans ma chambre et me trouvent assise confortablement dans un fauteuil, les yeux clos et que je leur dis que je travaille.)

Tu peux même avoir envie d'attendre au lendemain. Quand ça commence à prendre forme dans ton esprit, c'est le moment d'affronter cette fameuse feuille et de commencer à mettre tes idées sur papier même si elles sont informes.

Et surtout, écris-les, car on ne peut pas compter seulement sur sa mémoire. Je sais par amère expérience que les idées s'oublient facilement. Après avoir perdu plusieurs idées qui étaient, bien sûr, totalement et absolument géniales, je garde toujours à portée de la main un crayon et un bloc-notes en tout temps, même la nuit sur ma table de chevet.

Le seul geste de noter par écrit toutes les idées qui te sont venues jusqu'ici t'aidera à en dénicher d'autres et à commencer de mettre les éléments de ton histoire en ordre.

Ceci nous ramène à un sujet dont j'ai parlé au premier chapitre : le plan.

Un squelette et non une cage

3

Un plan : on en a parfois besoin, d'autres fois, non. Le sujet d'un récit peut jaillir soudain, complet et structuré si bien qu'il ne reste plus qu'à s'asseoir et essayer de l'écrire à mesure qu'il se présente. Cela m'est déjà arrivé, mais c'est rare. D'habitude je dois planifier mon histoire avant de me mettre à l'écrire. C'est justement là où j'ai besoin de faire un plan.

Commence par noter sur une feuille propre l'idée originale que tu as enfin choisie, le problème que tu as inventé et les complications qui pourraient en découler. Puis, écris ce que tu penses qu'il va arriver et comment tout ça va finir (si tu le sais).

Ensuite, élabore le récit le plus possible. Comment tes personnages ressentent-ils les événements? Note-le. Comment réagissent-ils? Prends note de ceci aussi. Que se passe-t-il à la fin (si tu es parvenue jusque là)? Prends bonne note de tous ces éléments.

Utilisons l'exemple de mon histoire de chien à trois pattes; je vais te montrer comment j'en ai établi le plan. D'abord, j'ai commencé avec le minimum de détails :

- Un garçon possède un golden retriever de race. (L'idée originale)
- Le chien perd une patte. (Le problème)
- Le garçon voulait présenter son chien à des concours. (La complication)
- Solution finale ?????????

À partir de ces données, j'ai ensuite élaboré un second plan.

- Un garçon possède un golden retriever pure race de grande valeur.
- Le chien perd une patte. (Comment? Possiblement dans un piège lors d'une visite dans le bois. Le garçon cherche des jours durant sans succès. Combien de jours? Demander au vétérinaire

combien de jours un chien peut-il rester pris au piège, perdre une patte et rester en vie.)

- Le chien survit. Le garçon l'aime toujours autant mais il regrette infiniment de ne pas pouvoir l'inscrire aux championnats.
- Le chien se débrouille sur trois pattes mieux que la plupart des chiens sur quatre pattes. Il adore les cours d'obéissance et se distingue par son habileté.
- Le garçon décide d'inscrire son chien à un concours d'obéissance et d'en faire un champion tout de même.

Arrivée là, je me suis retrouvée en difficulté. En consultant l'entraîneur des cours de dressage de mon propre chien, j'ai découvert qu'un chien «anormal» ne peut être inscrit à un concours d'obéissance : ce qui voulait dire que mon histoire venait de se torpiller d'elle-même.

Puis, l'entraîneur me dit qu'il y avait des concours d'obéissance non homologués où la seule différence était que le chien vainqueur ne pourrait être reconnu comme un champion véritable. Ma réaction fut immédiate :

— Oh! mon héros ne voudrait jamais d'une récompense bidon : il lui faut un titre en bonne et due forme!

C'est à ce moment que le moteur de mon cerveau s'est mis à ronronner et je refis mon plan ainsi :

- Le garçon apprend que son chien ne peut être inscrit aux concours officiels d'obéissance.
- L'entraîneur propose que le garçon inscrive son chien à l'un de ces concours parallèles puisqu'il est si habile et qu'il prend part aux exercices avec tant de plaisir.
- Le garçon rejette la proposition avec colère : son chien vaut mieux que ça!
- L'entraîneur insiste et à la fin, voyant à quel point son chien s'amuse à accomplir ses routines de dressage, le garçon accepte et l'inscrit à la

compétition non officielle.

- Le chien remporte la première place. (Est-ce une bonne fin? Elle manque de vie. Une meilleure idée va peut-être surgir pendant que j'écrirai.)

Le plan est utile pour démarrer et aussi, comme le précise cet exemple, pour indiquer les recherches à entreprendre avant de se mettre à écrire. Si, plus tard, ton histoire se met tout à coup à avancer toute seule dans une direction que tu n'avais pas prévue, si les personnages prennent le dessus et se mettent à faire ce qu'ils ont envie de faire au lieu de ce que tu leur avais tracé — tant mieux ! Cela voudra dire que ton histoire prend vie.

Dans ce cas, change ton plan ou développe-le. Un plan n'est jamais coulé dans le béton : il est là pour t'aider et non pas pour te restreindre. Penses-y comme à un squelette sur lequel tu peux greffer de la chair et non pas comme à une cage qui t'emprisonne et t'empêche de bouger.

* * *

Revenons à cette histoire de chien : après avoir terminé le plan et commencé à rédiger, je savais que le chien finirait par gagner mais j'ignorais *comment* il allait le faire. Tout ce que je savais c'est qu'il faudrait qu'il se passe quelque chose de spécial.

Quand le garçon se présenta au concours non officiel qu'il considérait toujours comme un pis-aller, j'ai été aussi surprise que lui de constater qu'il était aussi nerveux que si le concours avait été le vrai.

On aurait cru que le chien s'était mis à la machine à écrire à ma place pour décrire sa participation; il accomplit toutes les routines avec une telle aisance et un tel bonheur qu'on le déclara champion. Au terme du concours, le juge déclara qu'un nombre aussi élevé de points n'avaient jamais été accordés à aucun autre chien dans aucun autre concours, officiel ou non officiel.

Puis — je pouvais le voir très clairement — le chien s'assit dans l'espace réservé au vainqueur, se balançant sur ses trois pattes, sa langue balayant la gueule la plus souriante jamais vue sur un chien — de race ou non — si bien que l'assistance se leva et l'acclama.

La chose spéciale que j'avais cherchée s'était présentée toute seule pendant que j'écrivais. Et le plan avait été utile, car il m'avait indiqué le chemin à parcourir. Ensuite, l'histoire s'était mise en marche et s'était dirigée vers son but de ses propres moyens.

Qui est qui et qui fait quoi ?

4

Tu as établi ton plan. Tu as tout au moins une vague idée de ce dont traitera ton histoire. Mais qui en sont les personnages? Qui en est le protagoniste? Quel est son nom? À qui ressemble-t-il ou elle? Qui sont les autres personnages? Comment s'appellent-ils? Comment sont-ils? Quel âge ont tous ces gens? Depuis quand se connaissent-ils?

Commence par le personnage principal. Il peut être calqué sur toi-même ou ressembler à quelqu'un d'autre. Si tu prends modèle sur un autre que toi, la première chose à faire et la plus importante c'est de lui trouver un nom.

Quelquefois un prénom te vient tout de suite à l'esprit. D'autres fois tu dois chercher pour le trouver. Quand tu l'as déniché, inscris-le sur une feuille de papier vierge et note dessous tout ce que tu peux dire qui se rapporte à cette personne.

Tu n'utiliseras sans doute qu'une infime partie de ces renseignements dans l'histoire finale, mais ça n'a pas d'importance. Ce qui compte c'est que tu commences à connaître ton personnage aussi bien que ton meilleur ou ta meilleure ami(e) et même encore mieux. Quand tu seras arrivé à ce point, tu sauras comment ton héros ou ton héroïne affrontera les problèmes que tu as inventés, et même comment il ou elle s'y prendra pour les résoudre.

Fais la même chose pour chacun des héros de ton histoire (y compris les animaux). Tu te rendras peut-être compte en écrivant qu'un des personnages secondaires se met à prendre de plus en plus de place. C'est ce qui est arrivé dans l'un de mes livres. Une fille qui occupait un rôle de second plan a pris de l'importance et a finalement supplanté les deux protagonistes. En fait, j'ai dû ralentir son élan car si je l'avais laissée faire, elle aurait pris toute la place! (À vrai dire, j'ai développé une telle affinité avec cette fille qu'il se peut bien qu'un jour je l'utilise comme héroïne d'un autre livre.)

Si tu parviens à vraiment bien cerner tes personnages, tu constateras qu'ils se mettent parfois à parler de leur propre gré : tout ce qu'il te reste à faire c'est de prendre note de leurs paroles. Si tu tentes de leur faire dire des choses qui ne conviennent pas à leur personnalité, ils vont se rebiffer!

C'est arrivé souvent que rien ne fonctionne. À chaque fois, je m'arrêtais et j'examinais ce que j'étais en train d'écrire : je me rendais compte que j'essayais de faire parler ou agir un personnage d'une façon non conforme à son tempérament. Je pensais tout à coup :

— Sylvie (ou Jean) ne dirait jamais cela! ou n'agirait pas ainsi! Voilà où ça cloche!

Je reprenais les commentaires que j'avais notés sur Sylvie (ou Jean) et je m'appliquais à réfléchir sur le genre de personne qu'elle (ou il) était en essayant d'imaginer quelle aurait *vraiment* été *sa* réaction. Puis, je me remettais à écrire et, en général, tout s'arrangeait pour le mieux.

Évidemment quand on décide de se mettre soi-même en scène - peut-être même comme protagoniste - il n'est pas nécessaire de faire une liste de ses comportements. On se connaît soi-même, n'est-ce pas? Pas du tout : on se connaît bien mal. En plus, si tu te prends comme modèle, cela ne signifie pas que tu doives à tout prix révéler toute la vérité sur toi-même. Pour les besoins du récit tu peux modifier toutes sortes de choses. Tu peux te présenter sous un jour meilleur qu'en réalité ou pire. Tu peux te permettre de poser tous les gestes merveilleux que tu as toujours voulu poser et dire toutes ces phrases intelligentes que tu as toujours voulu prononcer, ou bien tu peux te laisser aller à accomplir une action totalement affreuse et horrible que tu n'envisagerais jamais de faire (ou que tu n'aurais jamais le courage de faire) dans la vraie vie.

Tu n'es pas tenu de dire la vérité. C'est toi qui décides qui est qui et qu'est-ce qui arrive : tu es l'auteur et c'est toi le meneur de jeu.

Un jour, quand ma fille était petite et que je l'avais punie parce qu'elle avait menti, elle a répliqué :

— Quand je serai grande je deviendrai écrivaine et alors je pourrai mentir autant qu'il me plaira.

C'est en effet l'un des plaisirs du métier d'écrivain. On s'attend à ce que tu mentes parce que l'on sait bien que la vérité est rarement assez intéressante. C'est pour cette raison que l'on peut, dans une histoire, tripoter la vérité autant que l'on veut. On peut changer les gens, y compris sa propre personne, autant qu'il nous plaît.

Mais si tu choisis de t'insérer toi-même dans une histoire, sois prudent. Il y a un phénomène qui peut surgir dont je préfère te prévenir. De la même façon qu'on apprend une foule de choses sur un personnage fictif à mesure qu'on décrit son évolution (même si tu croyais le cerner parfaitement avant de commencer), tu risques de découvrir sur toi-même des choses auxquelles tu n'avais même pas songé. Parfois, ça fait un peu peur.

On peut aborder la difficulté d'une autre manière : en écrivant à la première personne, c'est-à-dire au «je», mais en établissant que ce «je» est un autre que toi.

Tu peux effectivement être une fille nommée Sylvie mais avoir envie d'écrire une histoire du point de vue d'un garçon du nom de Luc. Pourquoi pas? Ce serait amusant de tenter l'expérience. Si tu es un garçon, pourrais- tu écrire une histoire du point de vue d'une fille? Ce faisant, tu apprendrais certainement une foule de choses.

Si tu réussis à bien cerner tes personnages, les lecteurs auront l'impression de bien les connaître eux aussi. Ils vont les adopter et se soucier de ce qui leur arrive.

Quand je termine une histoire et encore plus lorsque j'arrive à la fin d'un roman, je me sens souvent triste. J'en suis venue à apprécier mes héros en les côtoyant tant et si bien que je n'ai nullement envie de les quitter. J'ai le sentiment qu'ils vont me manquer autant que s'ils étaient mes propres enfants. À vrai dire, les personnages de mes livres sont, à plusieurs titres, mes propres enfants.

Les personnages que tu inventeras seront tes enfants à toi aussi et tes meilleurs amis, parfois même tes ennemis, mais ce qui importe avant tout c'est qu'ils soient vivants.

Un plongeon dans l'eau glacée

5

Bon! Il est temps de commencer cette histoire. Rappelle-toi que rien de ce que tu écris n'est coulé dans le béton, alors n'aie pas peur d'en mettre : il sera toujours temps de faire des modifications. L'important, c'est de commencer.

Pense aux meilleures histoires que tu as lues : essaie de te souvenir pourquoi tu avais choisi de les lire. Il y a de bonnes chances que ce soit la lecture des premières pages qui t'ait poussé à aller de l'avant : tu voudrais bien que tes lecteurs soient tellement intéressés par la lecture de *tes* premières pages qu'ils ne puissent faire autrement que de continuer à lire.

Tu souhaites par la même occasion qu'ils sachent le plus rapidement possible de qui on va parler, où va se dérouler l'histoire et quel en est l'enjeu.

Présente ton protagoniste, parles-en suffisamment pour que le lecteur sache au moins approximativement quel âge il (ou elle) a, où se déroule l'action et ensuite, expose le problème.

Bien entendu tu ne vas pas dire bêtement : Luc Charlebois a neuf ans, il habite au 675 de la rue Boyer et son chien vient de mâchouiller le sac à main de sa mère. Il n'y a pas d'émotion dans cette phrase mais il y a une foule de façons de transmettre ces informations tout en entrant dans le vif du récit. L'une de ces façons c'est de commencer par de l'action. Par exemple, la mère trouvant le sac à main tout mâchouillé, ou l'enfant impossible poussant le chat dans le bol des toilettes. Ou encore tú pourrais décrire comment les murs de l'école s'écroulent autour de toi et de ton enseignant, ou encore représenter le bruit épouvantable qui vient de la cuisine, ou la sonnette de la porte avant qui retentit. Par exemple :

Je devais rédiger une histoire

pour lundi et nous étions déjà dimanche soir. J'étais si angoissée que j'avais grignoté mon crayon au point où on aurait dit qu'une souris s'y était attaqué. La gomme à effacer avait un goût horrible mais je m'en étais à peine aperçue.

Tout à coup, sans prévenir, elle se détacha du crayon et tomba dans ma bouche. Juste à ce moment, je fus secouée par le hoquet, et la gomme se logea dans ma trachée. Je ne pouvais plus respirer.

Au bord de l'étouffement, je me penchai sur ma table. De l'air! J'avais besoin d'air, sinon j'allais étouffer. Mais j'étais impuissante et j'avais besoin d'aide. Puis, dans un éclair j'ai réalisé avec stupeur que j'étais toute seule à la maison. Il n'y avait personne pour me porter secours.

Maintenant les lecteurs savent de *qui* il s'agit (un enfant probablement du même âge que le narrateur), *où* se déroule l'action (devant la table de travail dans la chambre du protagoniste) et le problème a été présenté efficacement.

Une autre façon de commencer c'est d'utiliser des dialogues. Ne mentionne pas la dispute que tu as eue avec ta meilleure amie; fais en sorte que le lecteur *entende* cette chicane. Transforme-la en dialogue, aussi violent, furieux et emporté qu'il se peut. Voici un exemple :

— Tu as *menti* à mon sujet, Catherine Dumas! Tu as *menti* à toute l'école!

— C'est faux! C'est ce que tu dis, *toi*, qui est un mensonge!

Catherine était ma meilleure amie depuis 8 ans — depuis la maternelle — et jamais nous n'avions été en désaccord. Jamais auparavant elle n'avait dit d'horreurs sur mon compte.

Tu as donné aux lecteurs, dans ces huit premières lignes, tous les éléments importants et ce, par le dialogue. Tu n'as pas eu besoin de t'arrêter pour identifier celui qui avait la parole, car cette façon de faire rend la chose évidente.

Si tu veux écrire la séquence avec le chien, pourquoi ne pas débuter par un cri strident :

— Yiiiiiiiiiiiiiii!

Le hurlement venait de la mère de Luc et émanait du salon. Au même instant le petit chien nouvellement adopté par Luc courut dans sa chambre pour se glisser sous le lit et se terrer dans le coin le plus caché. Luc éprouva une curieuse sensation au creux de l'estomac. Sa mère avait dit :

— Si ce chien gaspille une seule autre chose, une seule, on le retourne à l'animalerie.

Le chat passa devant nous en agitant la queue. Il arborait un air triomphant.

Il y a une autre bonne façon de commencer :

en faisant un retour en arrière. Un jour, j'avais un problème avec l'un de mes textes. L'histoire mettait en vedette une jeune fille du nom de Dame Jeanne Grey qui fut, à quinze ans, reine d'Angleterre pendant neuf jours. La reine en titre, Marie Tudor, la mit en prison et ordonna qu'on lui tranche la tête. (Ceci est une histoire vraie qui s'est passée en Angleterre en 1554.)

Ma difficulté avec cette histoire venait du fait que le récit devait commencer quand Jeanne a neuf ans mais la plupart de l'action décrite a lieu plus tard quand elle est plus âgée. Il fallait que ceci soit clair. Je ne voulais pas donner l'impression au départ que tout le livre avait pour héroïne une fille de neuf ans et non une adolescente. J'ai résolu le problème en faisant un retour en arrière.

L'histoire commence donc avec Jeanne à 16 ans : elle est debout à la fenêtre d'une maison voisine de la Tour de Londres, observant les gens qui montent un échafaud. Elle sait que le lendemain, c'est sa tête à elle qu'on tranchera. Alors, je l'ai fait se souvenir comment toute cette histoire avait commencé.

Elle se rappelle le jour où, alors qu'elle avait neuf ans, un messager arriva de Londres annonçant que leur cousin Édouard, âgé lui aussi de neuf ans, était devenu roi d'Angleterre et qu'elle devait aller le rejoindre pour vivre à la cour. L'histoire s'enchaîne à partir de cet épisode et se déroule jusqu'au moment où l'on se retrouve au point de départ.

Une autre fois où j'écrivais un livre, je n'arrivais pas à passer au travers du premier chapitre. J'ai écrit une première version, puis je l'ai réécrite et réécrite sans jamais en être satisfaite. Finalement, je l'ai laissée de côté et j'ai continué à écrire le reste.

Quand j'ai eu fini la rédaction, j'ai repris le premier chapitre et, cette fois, tout a bien marché. Je pense que je ne connaissais pas suffisamment mes personnages — et que je n'avais pas exploré en profondeur le contenu du livre

— avant de savoir vraiment comment le début devait être écrit.

Quand tu possèdes ton sujet, fais différentes versions du premier paragraphe. Écris-en deux ou trois, même plus. Essaie différentes présentations jusqu'à ce que tu découvres celle qui colle le mieux à ton histoire.

La seule façon de parvenir au terme d'une histoire c'est de commencer : alors, prends une grosse respiration et jette-toi à l'eau!

En panne...

En panne, en panne.

6

Le début s'articule bien, tout se déroule à merveille, mais tout à coup, les mots s'arrêtent. Tu sais où tu veux aller mais comment vas-tu t'y rendre? Quoi écrire après? Tu ne peux plus avancer. Tu n'as plus d'idées. Tu es en panne.

Il y a une expression pour décrire ce phénomène : ça s'appelle l'angoisse de la page blanche et un jour ou l'autre ça nous tombe dessus. Je sais ce dont je parle, car j'en ai été la victime plusieurs fois. Il m'arrive de m'asseoir devant ma machine à écrire et de ne pas avoir la moindre idée de ce que j'ai envie de dire.

Il y a plusieurs remèdes à cet état de choses, alors ne te laisse pas aller à la panique. Ce malaise est connu des écrivains du monde entier; il suffit d'utiliser quelques trucs pour se guérir.

La première chose à faire c'est de *s'asseoir à sa table.* Si tu te promènes en disant :

«Oh! je n'ai pas envie d'écrire aujourd'hui; je vais attendre d'avoir quelque chose à raconter», ton histoire ne s'écrira jamais.

J'ai lu des douzaines d'articles où des écrivains connus et même célèbres précisent que la chose la plus difficile à faire quand on écrit c'est de s'asseoir et de commencer. Et quand on sait qu'on est en panne, c'est encore plus affreux.

J'ai même été jusqu'à laver le plancher de la cuisine juste pour éviter de confronter ma machine à écrire. Si tu faisais partie de ma famille, tu saurais à quel point je déteste cette tâche. En fait, mon fils est rentré de l'école un jour par la porte de la cuisine et il s'est écrié :

— Oh! Maman doit être encore en panne avec une histoire : le plancher de la cuisine est propre!

Lorsque la dernière chose au monde

que tu as envie de faire c'est de t'asseoir à ta table — une peur viscérale t'en empêche — il n'y a qu'un seul recours : la discipline. Ce mot est mille fois plus important pour les écrivains et les écrivaines que le mot *talent*. Tu peux être l'écrivain le plus talentueux du monde mais, sans discipline, tu n'arriveras jamais à mener à bon port un projet d'écriture.

Par contre, tu peux bien croire que tu n'as pas de talent pour l'écriture, mais en t'astreignant à une discipline, tu découvriras peut-être que tu peux produire de très bons textes. Une fois assis devant ta table, que fais-tu? Encore une session de remue-méninges? Si ça se passait comme ceci? Et s'il arrivait cela?

Une terrible dispute vient d'éclater entre Luc et sa mère. Elle lui a ordonné de ramener le chien à l'animalerie. Dans ton fort intérieur, tu voudrais bien que Luc puisse le garder, mais comment vas-tu t'y prendre pour qu'il réussisse?

Prends note de la moindre idée qui surgit dans ta tête qui pourrait fournir une solution. Le geste même d'écrire va générer d'autres idées.

Un autre moyen de faire c'est de balader ton personnage principal. Fais-le agir même si les gestes qu'il pose n'ont pas de rapport avec ton histoire. En rédigeant l'histoire de Dame Jeanne Grey, je me suis trouvée en panne dès le début. J'avais terminé le premier chapitre, transporté Jeanne et sa famille à Londres et je me préparais à raconter le couronnement du jeune roi Édouard. C'est là que je suis restée bloquée.

Comment allais-je faire pour les amener au couronnement? Que devraient-ils faire ensuite? Je me suis assise à ma table. Sur ma feuille de papier blanc on ne pouvait lire que ces seuls mots : CHAPITRE DEUX. J'ai commencé à me ronger les ongles : cela ne donnait aucun résultat et cela n'arrangeait pas mes ongles.

Alors, j'ai mis en scène la servante de Jeanne sans avoir la moindre idée préconçue sur ce qu'elle pourrait bien faire. Soudain, j'ai pensé vêtements. Bien sûr! Jeanne et sa soeur Catherine devaient préparer leurs toilettes pour le couronnement.

La servante apporta aussitôt un coffre, l'ouvrit et en retira les deux plus belles robes de Jeanne et de Catherine, vêtements qu'elles n'avaient pas portés depuis une année. Il était évident que la robe de Jeanne serait trop petite pour elle et ça créerait un problème; en plus Jeanne allait se sentir déprimée parce que sa jeune soeur, beaucoup plus jolie qu'elle, serait mille fois plus à l'aise qu'elle à la cour... et ainsi de suite.

J'ai fini par raccourcir et modifier ce que j'avais écrit — les idées m'arrivaient en vrac — mais l'exercice avait permis à mon petit moteur créateur de se remettre à fonctionner et voilà que je me remettais à écrire.

Voici un autre moyen de se débloquer : si je suis véritablement en panne sèche, je vais réécrire ce que j'ai déjà écrit. Ce n'est pas du temps perdu, puisque je devrai le réécrire de toute façon. Le simple fait d'écrire et de concentrer son attention sur son histoire permet de franchir le point mort. Je constate souvent que lorsque j'arrive à l'endroit où j'étais tombée en panne avant, j'ai déjà le vent dans les voiles.

Je vais t'avouer un secret : j'avais terminé le manuscrit de ce livre quand l'éditeur m'a téléphoné pour me dire qu'il voulait un autre chapitre — un chapitre sur ce qu'on fait quand on est en panne. Ma première réaction fut :

— Oh non! je refuse de raconter aux gens ce qu'ils doivent faire quand ils sont en panne. J'ai déjà passablement d'ennuis avec ça moi-même sans tenter de conseiller les autres.

— Essaie, m'a dit l'éditeur. Vois ce que tu peux faire.

Alors, j'ai suivi mes propres conseils et je me suis assise devant ma machine à écrire. Devine ce qui s'est passé? *Je suis tombée en panne!* Je me suis levée, je me suis promenée dans la pièce. J'ai regardé dehors, j'ai discuté le coup avec ma chatte qui, n'étant pas elle-même écrivaine, ne semblait pas très compatissante.

Puis, j'ai fait appel à ma mémoire et j'ai tenté de me souvenir de toutes les fois où j'étais restée bloquée. Je suis retournée à mon fauteuil et j'ai pris note de ce que j'avais fait pour me dépanner. Enfin, j'ai relu mon manuscrit pour revenir vers ma machine à écrire et essayer de taper quelques mots. À ma grande surprise, voilà jusqu'où ça m'a menée!

Où sont les freins sur cet engin?

7

Il y a des fois où s'arrêter est aussi difficile que commencer, sinon pire. La fin de mon livre sur Dame Jeanne Grey semblait assez évidente, car le récit accomplissait un cercle parfait pour retourner à son point de départ. Pourtant, le chemin à parcourir se révélait plus difficile que prévu.

Tandis que je devais rédiger les derniers paragraphes, ma fille demandait chaque jour en rentrant de l'école :

— As-tu fini Maman?

Je répondais :

—Non, pas encore. C'est plus long que je ne croyais.

— Sais-tu pourquoi tu n'y arrives pas? m'a-t-elle dit, un jour. Tu ne te résignes tout simplement pas à quitter Jeanne.

Elle avait raison. La fin d'une histoire peut être triste ou heureuse, mais elle doit être plausible et donner satisfaction aux lecteurs. Tu veux que les lecteurs adorent lire ton histoire, qu'ils soient tristes de la terminer et qu'ils aient le sentiment que ça finit juste comme il le faut. Tu dois t'assurer que le personnage principal a trouvé une solution à ses problèmes (et ne laisse personne d'autre que lui ou elle les régler à sa place) qu'il ou elle ait trouvé des solutions logiques et que rien ne soit laissé en suspens.

Au terme d'une bonne histoire, ton personnage principal doit avoir évolué d'une certaine façon. Il n'est plus tel qu'il était au tout début : il a grandi ou appris quelque chose, ou bien il a accompli un geste qui va marquer sa vie. Le héros devra avoir participé activement à l'action plutôt que de se tenir en retrait et d'observer les autres agir.

Peut-être que le garçon avec le chien dépensera toutes les économies qu'il amassait en vue de s'acheter une bicyclette pour payer l'école de dressage de son chien.

Si tu permets à ta meilleure amie de s'expliquer — en lui faisant confiance — tu découvriras la vérité et votre dispute prendra fin.

Quand ton héroïne finira par dénicher le petit monstre, elle aura appris une leçon sur la responsabilité. (Elle aura aussi appris comment sortir un chat furieux d'un bol des toilettes.)

Tu as une idée épatante pour terminer ton histoire de gomme à effacer au bout du crayon. L'héroïne — toi ou quelqu'un d'autre — se rappelle tout à coup d'une émission à la télé ou d'une démonstration de premiers soins à laquelle elle a assisté à l'école. Elle se jette avec force sur le dossier d'une chaise, l'estomac en avant et la gomme à effacer est éjectée. À vrai dire, cette histoire commence à ressembler à une véritable comédie!

Ton héroïne a réussi à sauver sa peau et, en prime, elle a appris le danger qu'on court à grignoter des crayons, surtout des crayons avec une gomme au bout. (En effectuant la recherche pour cette histoire, tu ferais mieux de te renseigner auprès de quelqu'un qui pourra te dire si cette aventure est possible ou non. Si ça ne se peut pas, ce sera cette idée-là qui aboutira dans la corbeille à déchets.)

Après avoir bâti un suspense tout au long d'un récit, il est amusant de déboucher sur une fin-surprise. Reprenons l'histoire du bruit dans la cuisine. Tu as décidé que ton personnage principal est un garçon du nom de Thomas et tu vas écrire l'histoire à la première personne. Il fait déjà nuit et Thomas est seul dans la maison. Il ne se souvient plus s'il a fermé la porte ni même s'il l'a fermée à clé. Il y a eu plusieurs vols dans les environs.

On entend un second bruit dans la cuisine! Est-ce que Thomas court? Essaie-t-il d'atteindre le téléphone et d'appeler la police? Rassemble-t-il tout son courage pour aller voir? Disons que oui :

J'ai pris une profonde respiration.

— Voyons, Thomas, ne sois pas si peureux! me dis-je tout en essayant de persuader mes genoux de cesser de trembler. J'ai pris une autre grosse respiration et j'ai ouvert la porte de la cuisine.

La première chose que j'ai vue c'était une pile d'assiettes cassées sur le plancher. Puis, j'ai vu un raton laveur perché sur le comptoir de la cuisine, la tête dans le sac de nourriture pour chats. Le chat était à ses côtés, faisant sa toilette.

La porte était bel et bien ouverte et Cloé avait un invité pour souper.

N'oublions pas ton professeur, coincé entre ces murs qui s'écroulent tout autour de lui. Il va sans dire que tu le rescapes - au risque de ta vie. Et, bien sûr, aussitôt qu'il est assez en forme pour revenir en classe, il s'attend à ce que tu lui remettes l'histoire que tu avais à rédiger.

Je te vois d'ici demander :

— Et l'histoire avec la sonnette qui sonne?

Eh bien! elle a sonné et resonné mais tu es si occupée à faire quelque chose d'important que tu ne peux te libérer pour aller répondre. D'ailleurs, personne n'y va, alors exaspérée, tu te décides.

C'est le facteur et il apporte une lettre recommandée qui contient un chèque pour toi : la lettre qui l'accompagne provient d'une revue qui t'annonce qu'elle publiera sous peu ta première histoire!

Dans la jungle des titres

Les ~~titres~~
Les titres
~~difficiles~~
Le problème
avec les titres

8

Malheureusement, les livres et les
histoires ont besoin d'être coiffés d'un
titre. Inventer un titre est une tâche ardue
et même parfois impossible. Quand
j'entreprends une nouvelle histoire, je sais
rarement comment je l'intitulerai. Mais
comme j'aime que les choses soient en
ordre et bien présentées, il me plaît de voir
un titre sur la première page de mon
manuscrit. Alors, j'en invente un que
j'écris : je l'appelle mon «titre de travail».
Au fur et à mesure que mon histoire
avance, il se transforme plusieurs fois.

Le problème avec les titres c'est qu'ils
doivent assumer plusieurs fonctions.
D'abord, ils doivent annoncer aux gens de
quoi traite le livre ou l'histoire ou tout au
moins leur donner un petit indice. Mais ils

ne doivent surtout pas être ennuyeux.

Ils doivent être attirants ou pleins d'humour. Ils ne doivent être ni éculés, ni imbéciles, ni trop attendrissants. Ils doivent aussi plaire à l'auteur. Par contre, un titre peut être très signifiant pour l'auteur et n'avoir aucun attrait pour quelqu'un d'autre. Aussi sache que je ne suis pas différente de tous ces écrivains qui retardent le choix de leurs titres jusqu'au dernier moment. J'ai eu moins de mal à trouver des prénoms pour mes enfants!

J'ai invité Cécile Gagnon, auteure et aussi la traductrice de cet ouvrage à te raconter ses propres expériences quant à ses choix de titres pour ses histoires. Voici ce qu'elle en dit :

«Eh bien! Le titre provisoire de l'une de mes histoires s'appelait *Le ponchon*. Elle racontait comment les gens des îles de la Madeleine se sont retrouvés coupés du monde lorsque le câble télégraphique qui les reliait au continent s'est cassé. (Ceci est basé sur un fait réel.) Les habitants des îles décident d'envoyer un tonneau gréé d'une voile sur la mer : le tonneau contient des lettres qui avertiront les autorités de leur mésaventure. François, un garçon de neuf ans, envoie par le même moyen une lettre à sa mère hospitalisée à Québec : une façon pour le moins originale de transmettre le courrier. Quand j'ai cherché un titre pour coiffer le manuscrit avant de l'envoyer à l'éditeur, j'ai choisi *Le courrier des îles.*

Au moment de la publication, l'éditeur m'a proposé un autre titre : *Une lettre dans la tempête* que j'ai aussitôt accepté. On y sent un élément dramatique et «une lettre» semble moins abstrait pour un jeune lecteur que «le courrier».

Une autre fois, j'ai écrit un roman qui parlait de vol de bicyclettes et dont l'un des héros était un chien qui adorait la pizza. J'ai travaillé sans titre véritable jusqu'à la fin. Puis, j'ai fait une liste de titres qui n'en finissait plus. Ceux que je préférais étaient : *Pour l'amour d'une pizza, Deux fouineurs au dépanneur, Guimauve, fin museau* (Guimauve, c'est le nom du chien) et *Une pizza pour Guimauve*. Mais je n'étais pas satisfaite. J'avais envie de garder le mot pizza dans le titre parce que je me disais que les jeunes en raffolent et que cette référence leur plairait.

La bonne idée m'est venue du directeur de la collection. Il m'a dit :

— Pourquoi ne pas prendre un titre du genre film de cow-boy qui identifie les participants de l'histoire?

Et c'est ainsi que mon roman s'est appelé : *Un chien, un vélo et des pizzas* (pour parodier le film *Le bon, la brute et le truand*).

Des complications peuvent aussi surgir quand on choisit un titre. L'un de mes livres allait sortir des presses quand, en fouillant dans une bibliothèque, je suis tombée sur un livre qui portait le même titre que le mien *La maison-champignon* publié par une autre maison d'édition. J'ai paniqué et j'ai appelé l'autre éditeur pour l'avertir que je sortais un livre qui portait le même titre. Il m'a convaincue, malgré

65

ma mauvaise humeur, que je ne me rendais pas service : les titres identiques allaient prêter à confusion. Ceux qui demanderaient mon livre à la librairie ou à la bibliothèque, allaient peut-être recevoir l'autre à la place. Alors, au dernier instant, je me suis inspirée de l'image de la couverture qui représentait un épouvantail qui découpe une porte dans un champignon gros comme une maison. Le livre a reçu le titre de *L'épouvantail et le champignon.* (J'avoue que l'autre était beaucoup mieux, mais premier arrivé, premier servi.)

Il y a d'autres moyens de rendre un titre intéressant : en faire une question, par exemple. Je l'ai fait pour *Pourquoi les moutons frisent?* ce qui laisse supposer que je vais donner la réponse dans l'histoire. J'ai dû m'acquitter de cette tâche honorablement parce qu'un lecteur m'a écrit pour me dire qu'il était enchanté d'avoir appris en lisant mon histoire (totalement fantaisiste) comment les moutons frisent!

On peut aussi personnaliser le titre comme si on installait le lecteur à la place du héros. C'est ce que j'ai fait pour *J'ai faim !, J'ai chaud !* et *Moi, j'ai rendez-vous avec Daphné*. On peut aussi rendre le titre intrigant en lui gardant un petit côté énigmatique qui ne dit pas tout. Je l'ai fait en choisissant *Doux avec des étoiles*. Le lecteur doit bien se demander ce que peut bien être cette chose, ou cet être doux avec des étoiles. Il découvrira à la lecture que ce n'est qu'un vieux morceau de tissu délavé. Un autre de mes titres qu'on peut qualifier de très provocateur est *Maman à vendre*. Il s'agit effectivement d'un enfant qui en a assez des réprimandes de sa mère et qui la vend pour 25 cents. Mais le soir, l'enfant a le coeur gros et quand l'acheteur insatisfait rapporte son achat et demande à être remboursé, l'enfant le fait de bon coeur en constatant que sa mère lui manque atrocement.

Je cherche parfois dans l'annuaire du téléphone ou dans les journaux, des noms pour mes personnages, mais il m'est arrivé de trouver le titre d'une histoire en consultant une carte géographique! En effet, il s'agit de l'histoire d'une rivière qui est lasse de couler toujours au même endroit et qui décide de sortir de son lit pour aller à l'aventure. Comment appeler cette rivière vagabonde? me demandais-je. J'ai pris la carte géographique du Québec et je me suis mise à examiner les lacs et les rivières et à noter leurs noms. J'ai été séduite par la Mariakèche et c'est ainsi que s'appelle mon histoire.

Les titres précèdent ou suivent leurs auteurs pendant plusieurs années; j'entends souvent :

— Ah! c'est vous l'auteure de *Alfred dans le métro* !

Alors, aussi bien prendre le temps de trouver un bon titre pour ton histoire : on ne sait jamais, elle fera peut-être le tour du monde!»

Réviser : une tâche à apprivoiser

9

D'habitude ~~les~~ *mes* premiers brouillons
ressemblent à ~~ceci~~ *ça*. Très
malpropres. ~~En fait,~~ ils sont
tellement malpropres *en fait* que personne
sauf moi ne réussirait à les lire.

C'est parfait qu'il en soit ainsi, car les premiers brouillons sont uniquement pour toi. Le seul rôle d'un brouillon c'est de te permettre de coucher ton histoire sur le papier — le début, le mileu et la fin. En commençant un livre ou une histoire, j'ai toujours l'affreux sentiment que je ne me rendrai pas jusqu'à la fin. À vrai dire, je suis paniquée. C'est seulement lorsque j'ai mis le point final que je peux enfin relaxer et émettre un soupir de soulagement. Mon histoire est inscrite en noir et blanc sur le papier! C'est un fouillis, il manque plein d'éléments et il a besoin d'être retravaillé mais au moins, mon texte est tracé sur un amas de feuilles. Le pire est fait : maintenant je peux commencer à m'amuser.

Cela peut te sembler étrange de qualifier la révision d'amusement, mais réviser est, d'une certaine façon, un jeu.

Relis ton histoire avec attention et examine où elle a besoin d'être améliorée. Peut-être faut-il expliquer certains passages? Peut-être que les descriptions trop longues nuisent à la fluidité du récit? Est-ce que le dialogue sonne guindé? Le temps est venu de tout relire et de peaufiner ton histoire jusqu'à ce qu'elle soit la plus parfaite possible pour le moment.

As-tu déjà pensé à la signification du mot révision? Littéralement cela veut dire re-vision, c'est-à-dire voir à nouveau. C'est exactement ce que tu vas faire : revoir attentivement ton histoire une seconde fois et décider des modifications à y apporter, puisque tu n'as plus à te soucier de savoir comment l'histoire va finir ou si tu vas réussir à l'écrire. Il ne te reste plus qu'à profiter du côté agréable de cette étape.

Mais ce n'est pas toujours sans difficultés. J'ai écrit mon premier livre il y a plusieurs années. J'ai envoyé le manuscrit à un éditeur et il me l'a renvoyé. Je l'ai réexpédié à nouveau et la grosse enveloppe m'est revenue encore une fois. J'ai décidé que je devrais peut-être relire mon oeuvre : cela faisait plus d'un an que je l'avais écrite.

J'ai donc relu mon histoire. À ma grande horreur, j'ai constaté qu'elle n'était pas si géniale que je l'avais cru. Alors, je me suis assise à ma table et je l'ai réécrite. (Je parle ici d'un roman qui est un travail de longue haleine.) Enfin, convaincue que mon texte était, cette fois, assez bon pour être publié, je l'ai renvoyé à l'éditeur. Il m'est revenu une troisième fois.

Pour couper court à ces réminiscences

douloureuses, je résume en te précisant que j'ai envoyé ce manuscrit à des éditeurs six fois au cours des années qui ont suivi et six fois il a été refusé. Je l'ai réécrit entièrement trois fois et j'ai retravaillé certains passages d'innombrables fois. J'étais plutôt découragée, surtout que j'avais eu le temps d'écrire quatre autres romans durant cette période et que eux aussi, m'avaient été refusés et retournés!

À la fin, je l'ai renvoyé une dernière fois. Lorsque le facteur est apparu avec cette grosse enveloppe brune que je connaissais si bien, je n'avais même pas envie de la regarder. Je l'ai abandonnée sur la table de l'entrée toute la journée, tout en ruminant la pitié que j'éprouvais pour moi-même. Puis, à la fin de l'après-midi, j'ai fini par ouvrir l'enveloppe : c'était bien mon manuscrit, mais il était accompagné d'une lettre de l'éditeur qui disait : «Votre texte est presque assez bon pour être publié. Il faudrait le retravailler encore un peu.»

RETRAVAILLER ?

Pendant trois pages bien serrées, il me faisait des suggestions. Ma première réaction a été de penser que si je devais retoucher ce manuscrit de malheur, j'allais tomber malade. Ma seconde réaction a été de réaliser que si un éditeur prenait la peine et le temps de me faire part de ses suggestions, ce serait idiot de ma part de refuser d'entreprendre une ultime tentative. Puis, j'ai réfléchi aux suggestions qu'il me proposait et je me suis aperçue qu'en dépit de ma déception, mon enthousiasme renaissait. Soudain, je trépignais d'impatience.

Ce soir-là nous avons soupé très tard.

— Vous écrivez joliment à propos des animaux. Pourquoi ne pas en mettre plus? avait-il dit.

Le grand-père de Marc, mon héros avait un très beau chien de chasse. Et si Marc arrivait avec un chat?

— Ajoutez des détails sur l'école de Marc, avait suggéré l'éditeur.

Je ne savais pas encore très bien comment contourner ce problème : j'ai donc emmené Marc jusqu'à la porte de l'école et j'ai décidé de voir ce qui allait se passer. Alors, deux garçons sont arrivés (l'un d'eux s'appelait Grande-Perche parce qu'il était tout petit) et ils sont devenus les grands copains de Marc et aussi des personnages de premier plan.

Pourquoi n'avais-je pas pensé à les faire intervenir avant? À la fin, le manuscrit réécrit me semblait bien meilleur; je l'ai expédié à l'éditeur qui accepta de le publier.

Quand tu as fini ta deuxième version (ou la troisième ou quatrième) et que tu as le sentiment d'avoir révisé le texte au mieux de tes capacités, il te reste à faire le ménage. Pour ce, il te faut une grammaire, un dictionnaire et un dictionnaire des synonymes. Tu dois vérifier l'épellation des mots et surveiller la ponctuation en t'assurant que chaque virgule est à la bonne place. Pour ce qui est de la grammaire, fais comme si tu visais la plus haute note pour un test de français.

As-tu employé le même mot plusieurs

fois? À moins de le faire exprès et pour une raison précise, cela peut paraître redondant et appauvrir le style. Consulte ton dictionnaire des synonymes et trouve le moyen d'alléger ta prose et de bannir les répétitions.

Enfin, voici le moment venu de transcrire la copie finale. Toute l'énergie que tu as mise à travailler ton texte mérite bien une présentation impeccable. Que tu te serves soit d'une machine à écrire, d'un ordinateur ou d'un stylo, la copie finale devrait être en tous points irréprochable : le titre, la pagination et ton nom devraient apparaître au bon endroit et les pages ne devraient comporter ni ratures ni taches.

*   *   *

Ça y est! Tu as fini. Regarde ce manuscrit devant toi et avoue que tu te sens fier de ton travail. Ça n'a pas été facile, mais rien qui ne vaut la peine d'être accompli ne l'est. Et puis, ce n'était pas si épouvantable que ça, n'est-ce pas?

FIN

Karleen Bradford

Karleen Bradford est une auteure active et bien connue au Canada : elle a vécu et voyagé dans plusieurs points du globe et elle réside actuellement à Porto Rico.

La traductrice, Cécile Gagnon, est aussi une auteure connue : elle a ajouté à ce guide sa propre expérience d'écriture surtout en ce qui concerne le chapitre 8 *Dans la jungle des titres*.